Género Ficción

Pregunta esencial
¿Qué hacen los animales para sobrevivir?

Vuelo de verano

Sabrina Herreros
ilustrado por René Venegas

Capítulo 1

La lluvia

Estaba lloviendo y Lori miraba por la ventana. No veía nada interesante. Ningún niño jugando, ningún pájaro volando.

Era verano pero era imposible jugar en el jardín.

Hoy no podría ir con su mamá a la tienda a comprar los caramelos de coco que tanto le gustaban.

Lori y su mamá estaban haciendo planes. Querían que la tarde fuera divertida a pesar de la lluvia. Sus tíos, Susan y Tom, llegaron de visita. A Lori y a su mamá les gustaba conversar con ellos. Infundían en ellas el amor por la naturaleza. Tom era marinero. Siempre contaba cuentos muy divertidos.

Los cuatro estaban alrededor de la mesa de la sala pero no sabían qué hacer. Además, parecía que la lluvia no quería amainar.

Capítulo 2

Un cuento aburrido

La mamá de Lori le pidió a Tom que contara un cuento de piratas. Tom conocía muchos cuentos de piratas imaginarios.

Susan, Lori y su mamá esperaban muy ansiosas un relato divertido.

Entonces Tom comenzó a contar.

—Había una vez un pirata inglés llamado John Hawkins... —dijo Tom.

Tom siguió inventando el cuento a medida que lo narraba. Contó que John Hawkins había perdido una pierna en un accidente. Por eso lo llamaban "Pata de Palo".

Pero nadie sabía que su pierna no era de palo. La había reemplazado por la pata de un cangrejo. ¡Pero pesaba más de cinco kilos!

Pata de Palo era muy feo y muy malo.

A Lori este cuento de piratas no le gustaba. Susan notó que su sobrina estaba distraída. Entonces le pidió a Tom que le contara otro cuento.

Pero nada lograba entretener a la niña, que seguía muy aburrida.

Detective del lenguaje

Las palabras Tom y Susan ¿son sustantivos propios? ¿Cómo lo sabes?

De repente, Lori dijo:

—Cuéntame un cuento de pájaros.

¡Eso sí que sería divertido!

A Tom le gustó mucho la idea de Lori.

Capítulo 3

Rompiendo el silencio

—¡Voy a hablarte de las golondrinas! —dijo Tom.

Le contó que son aves migratorias, que viajan de acá para allá y que todo el mundo las conoce. Tom veía a las golondrinas cuando viajaba. Entonces pensaba: "¡va a llover!". Estas aves anuncian la llegada de la primavera. También de la lluvia.

Lori lo escuchaba con mucha atención.

Detective del lenguaje

Las palabras primavera, lluvia y golondrina, ¿son sustantivos comunes? ¿Cómo lo sabes?

—¿Y cómo saben hacia dónde van? —quiso saber Lori.

—Tienen un admirable sentido de la orientación —afirmó Tom.

—¡Así es! —exclamó Susan—. Tenemos un nido en la casa de veraneo. Cada año llega una golondrina para instalarse allí. Se lava el piquito en el estanque y después vuelve a su nido. A veces va al matorral cercano a la casa. Luego, vuelve. Pero el clima frío del invierno no le gusta. Entonces, se va.

Lori hacía tantas preguntas, que se sentía un poco agitada.

Su mamá y sus tíos sonreían.

Esa tarde la pasaron hablando y dibujando hermosos pájaros. Había dejado de llover, pero nadie lo había notado.

Capítulo 4

Volar como las golondrinas

Había pasado el verano.

Lori se interesaba mucho en las golondrinas. Con su mamá, leían juntas cuentos y artículos para aprender más.

Entonces, Lori decidió escribir una carta a sus tíos.

Con la ayuda de su mamá, Lori escribió una hermosa carta. Quería que sus tíos Susan y Tom supieran cuánto había aprendido sobre las golondrinas. También les contaba que le gustaría ver a las golondrinas alguna vez.

Unos días después, en una tarde de lluvia, la mamá de Lori le mostró una carta.

—¡Carta de los tíos! —dijo mamá.

Lori y su mamá leyeron juntas la carta.

Los tíos invitaban a Lori y a su mamá a navegar con ellos. Lori dio un salto de alegría. ¡Pronto conocería las golondrinas!

Lori se acercó a la ventana y miró la lluvia. No había ningún pájaro a la vista. No importaba.

A los pocos días, Lori fue a navegar y finalmente conoció las golondrinas.

Respuesta a la lectura

Resumir

Usa detalles importantes para resumir *Vuelo de verano*.

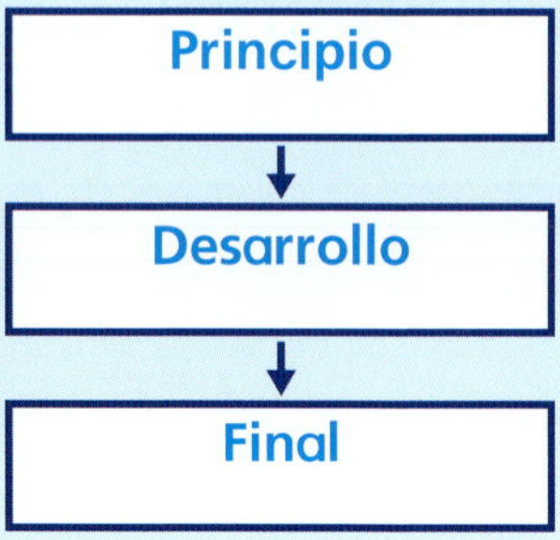

Evidencia en el texto

1. ¿Cómo sabes que *Vuelo de verano* es un cuento de ficción? **Género**
2. ¿Qué hacen los personajes? Usa detalles para responder. **Trama**
3. Usa lo que sabes sobre prefijos para definir la palabra *imposible* en la página 2. **Prefijos**
4. Usa detalles para escribir sobre cómo cambia Lori al final del cuento. **Escribir sobre la lectura**

Género Texto expositivo

Compara los textos

Lee sobre otro animal que migra.

El viaje de la ballena

Las ballenas jorobadas son criaturas gigantes. ¡Miden hasta cincuenta pies de largo! ¿En qué se parece la ballena jorobada a las golondrinas? Ambas migran.

Las ballenas jorobadas son buenas nadadoras.

Estas ballenas nadan largas distancias cada año. Se adaptan a los cambios del agua que las rodea.

Pasan el verano cerca de Alaska. El agua está fría y hay mucha comida. En el invierno, el agua es mucho más fría. Entonces, nadan miles de millas hacia aguas más cálidas.

Durante el invierno, muchas ballenas jorobadas nadan hacia Hawái.

La cría de la ballena jorobada no se aleja de su madre.

Las crías de las ballenas nacen en aguas cálidas. Están con sus madres al menos durante un año. En el verano, nadan juntas hacia el norte.

Haz conexiones

¿Por qué migran las ballenas jorobadas? Pregunta esencial

¿En qué se parecen las ballenas jorobadas a las golondrinas? El texto y otros textos

Enfoque: Género

Ficción Un cuento de ficción tiene personajes y sucesos imaginados por el escritor.

Lee y descubre Lo que sucede en *Vuelo de verano* fue inventado por la autora. Los personajes no son reales sino que fueron inventados.

Tu turno

Piensa en un cuento de ficción. Haz un diagrama del cuento que incluya a los personajes, el ambiente y la trama. Piensa en las cosas que podrían suceder. Piensa qué sucederá al principio, durante el desarrollo y al final. Luego, escribe un borrador del cuento.